Bibliografische Information der Deutschen Nationalbibliothek:

Die Deutsche Bibliothek verzeichnet diese Publikation in der Deutschen National-
bibliografie; detaillierte bibliografische Daten sind im Internet über http://dnb.d-
nb.de/ abrufbar.

Impressum:

Copyright © 2012 GRIN Verlag, Open Publishing GmbH
Druck und Bindung: Books on Demand GmbH, Norderstedt Germany
ISBN: 978-3-656-90689-6

Dieses Buch bei GRIN:

http://www.grin.com/de/e-book/293087/social-media-definition-rolle-in-der-kun-
denkommunikation-und-macht-der

Andreas Naber

Social Media. Definition, Rolle in der Kundenkommunikation und Macht der Nutzer

GRIN Verlag

GRIN - Your knowledge has value

Der GRIN Verlag publiziert seit 1998 wissenschaftliche Arbeiten von Studenten, Hochschullehrern und anderen Akademikern als eBook und gedrucktes Buch. Die Verlagswebsite www.grin.com ist die ideale Plattform zur Veröffentlichung von Hausarbeiten, Abschlussarbeiten, wissenschaftlichen Aufsätzen, Dissertationen und Fachbüchern.

Besuchen Sie uns im Internet:

http://www.grin.com/

http://www.facebook.com/grincom

http://www.twitter.com/grin_com

Social Media. Definition, Rolle in der Kundenkommunikation und Macht der Nutzer

Vorgelegt von:

Andreas Naber

Inhalt

1. Gegenstand

Die vorliegende Arbeit hat die Social Media zum Gegenstand. Hierbei soll auf mögliche Definitionen dieses Begriffes eingegangen, sowie ein Überblick über die Social Media in der Kundekommunikation gegeben werden. Schließlich wird die neue Macht der Nutzer behandelt und es werden die Auswirkungen, die Social Media auf Gesellschaft und Politik sowie auf die Unternehmenskommunikation haben, aufgezeigt.

1.1 Social Media

Der Begriff Social Media stammt aus der englischen Sprache und lässt sich im Deutschen mit dem Begriff „Soziale Medien" wiedergeben. Die Fachliteratur bietet ein umfangreiches Repertoire unterschiedlicher Definitionen für den Begriff Social Media oder Social Web. Der Bundesverband Digitale Wirtschaft (2009) leistet folgende Definition: „Social Media sind eine Vielfalt digitaler Medien und Technologien, die es Nutzern ermöglichen, sich untereinander auszutauschen und mediale Inhalte einzeln oder in Gemeinschaft zu gestalten. Die Interaktion umfasst den gegenseitigen Austausch von Informationen, Meinungen, Eindrücken und Erfahrungen sowie das Mitwirken an der Erstellung von Inhalten ...".[1]

H. Hippner (2006) bezieht sich in seiner Definition auf den Softwareaspekt, der die Grundlage für die Kommunikationsform der sozialen Netzwerke bildet. Hippners Definitionsbegriff für das Social Web umfasst: „Webbasierte Anwendungen, die für Menschen, den Informationsaustausch, den Beziehungsaufbau und die Kommunikation in einem sozialen Kontext unterstützen."[2] Social Media ist also die Basis für den kommunikativen Austausch zwischen Usern auf unterschiedlichen Kanalangeboten wie Facebook, Twitter oder Google+.

---

[1] Vgl.   Bundesverband Digitale Wirtschaft e. V. (Hrsg.): Social Media Kompass, 2009, S. 5.
[2] Vgl.   Hippner, H.: Bedeutung, Anwendungen und Einsatzpotentiale von Social Software, in: Hildebrandt, K. / Hofmann, J. (Hrsg.): Social Software, 2006, S. 12.

1.2 Social Media Relations

Unter Social Media Relations sind die Beziehungen zu verstehen, die sich im Social Web zwischen Konsumenten bzw. Kunden und den Unternehmen anbahnen und vertiefen, so dass ein produktiver Austausch entsteht.[3] Social Media Relations bilden infolgedessen ein Element der Online-Präsentation mit der entsprechenden PR-Anstrengung des Unternehmens, das sich im Social Web engagieren will, um sein positives Image in Bezug auf Produktvermarktung zu präsentieren und zu pflegen.

Die entsprechende Kommunikation ist in den Social Media Relations in diesem Sinne grundsätzlich interaktiv. Die User nehmen das Gespräch mit den Unternehmen auf, so dass sich dadurch zugleich der Bekanntheitseffekt des Unternehmens steigert und sich das gute Image bestärken lässt.[4] Die entsprechende Kommunikation der Firmen im Internet bildet mit dem Aufbau eines Kommunikationsnetzes zu den Usern neben klassischer PR und Werbung einen weiteren Bestandteil der kommunikativen Marketingstrategie.

1.3 Unternehmenskrisen

Unternehmenskrisen sind Problemphasen, in denen Unternehmen aufgrund bestimmter Negativverhältnisse in eine problematische Geschäftslage geraten, die zu einer möglichen Zerrüttung der Gesamtkonstellation des strategischen FIT führen können, mit dessen Hilfe das Unternehmen seine bisherige erfolgreiche unternehmenspolitische Strategie bestimmte.[5] Unternehmenskrisen finden in der Literatur unterschiedliche Definitionen. U. Krystek (1987) betrachtet solche Krisen als „… ungewollte Prozesse von begrenzter Dauer und Beeinflussbarkeit sowie mit ambivalentem Ausgang. Sie sind in der Lage, den Fortbestand der gesamten Unternehmung substantiell und nachhaltig zu gefährden oder sogar unmöglich zu machen".[6] Krisen bilden also bestandsgefährdende Erscheinungen,

---

[3] Vgl.   Jodeleit, B.: Social Media Relations …, a. a. O., S. 8ff.
[4] Vgl.   Puttenat, D.: Praxishandbuch Presse- und Öffentlichkeitsarbeit - Eine Einführung in professionelle PR und Unternehmenskommunikation, 2007, S. 18.
[5] Vgl.   Bea, F. X. / Haas, J.: Strategisches Management, 2004, S. 15ff.
[6] Vgl.   Krystek, U.: Unternehmenskrisen – Beschreibung, Vermeidung und Bewältigung überlebenskritischer Prozesse in Unternehmen, 1987, S. 6.

die zu einer möglichen Auflösung bzw. zu einem Scheitern der Unternehmensaktivitäten führen können.

Krisentypen lassen sich in unterschiedliche Formen einteilen. Homuth differenziert Krisen nach Katastrophen, Umweltunfällen und Störfällen, er unterscheidet weiter zwischen Krisen, die aus Produktfehlern, Produktsicherheitsproblemen, Produktnebenwirkungen sowie aus Skandalen aufgrund von Arbeitsbedingungen und durch Kritik von bedeutenden Interessengruppen entstehen.[7] Andere Fachautoren systematisieren die Krisenbeurteilung nach externen und internen Ursachenfaktoren. Krystek macht darauf aufmerksam, dass Produktmängel sich als interne Krisenfaktoren bezeichnen lassen.[8] Krisen können, wie Mast feststellt, jedoch auch durch die Berichterstattung in den Medien ausgelöst werden.[9]

1.4 Krisenkommunikation

Die Unternehmenskommunikation, die zur Krisenbewältigung einer Medienkrise ansteht, bedarf der grundlegenden Bereitschaft des Unternehmens, sich mit der Problemaufklärung interessierten Öffentlichkeit positiv auseinanderzusetzen. Töpfer (2008) definiert Krisenkommunikation des Unternehmens in folgender Form: „Unter Krisenkommunikation wird ... die gezielte Unterrichtung von Adressaten verstanden, nachdem eine Krise eingetreten ist, bestimmte Personengruppen darüber Wissen erlangt haben und das Unternehmen – auf Basis einer definierten Kommunikationsstrategie – weitere Details der Öffentlichkeit bewusst vermitteln oder auch nicht vermitteln will."[10]

Die Krisenkommunikation eines Unternehmens bedient sich heutzutage multipler Instrumente wie z.B. , E-Mail, Infotelefonie, Mitteilungen auf der Webseite,

---

[7] Vgl.   Homuth, S.: Wirksame Krisenkommunikation – Theorie und Praxis der Public Relation in Imagekrisen, 2000, S. 9.

[8] Vgl.   Krystek, U.: Krisenarten und Krisenursachen, in: Hutzschenreuter, T. / Griess-Nega, T. (Hrsg.): Krisenmanagement: Grundlagen, Strategien, Instrumente, 2006, S. 43-64, dort S. 45.

[9] Vgl.   Mast, C.: Nach der Krise ist vor der Krise: Beschleunigung der Krisenkommunikation, in: Nolting. T. / Thießen, A. (Hrsg.) Krisenmanagement in der Mediengesellschaft: Potenziale und Perspektiven in der Krisenkommunikation, 2008, S. 98-111, dort S. 101.

[10] Vgl.   Töpfer, A.: Krisenkommunikation. Anforderungen an den Dialog mit Stakeholdern in Ausnahmesituationen, in: Meckel, M. / Beat, S. (Hrsg.): Unternehmenskommunikation. Kommunikationsmanagement aus Sicht der Unternehmensführung, 2008, S. 355-402, dort S. 369.

Pressemitteilungen aber immer öfter auch die sozialen Netzwerke, um zeitnah bzw. in Echtzeit Kunden oder auch Stakeholder zu informieren und aufzuklären.

2 Social Media in der Kundenkommunikation

2.1 Fakten zur Relevanz von Social Media in der Kundenkommunikation

Seit einigen Jahren sind Schlagworte wie Social Media oder Web 2.0 in allen Medien zu finden und bestimmen die Richtung in der Unternehmenskommunikation. Kundenkommunikation ist nicht mehr ein Monolog, sondern – soll sie heutzutage erfolgreich und nachhaltig sein – ein Dialog zwischen Unternehmen und Kunden. Unternehmen müssen ihren Kunden im Web zuhören. Zeichnet sich die Kommunikation eines Unternehmens durch einen wechselseitigen Dialog auf Augenhöhe aus, hat dieses eine positive Auswirkung auf die Kundenzufriedenheit, Markenloyalität und Markenbildung. [11]

Durch Social Media entsteht eine Demokratisierung von Kommunikation. Soziale Netzwerke wie Facebook, Google+ oder Twitter beeinflussen nicht mehr nur unser Privatleben, sondern immer mehr auch das kommunikative Handeln von Unternehmen. Derzeit gibt es in Deutschland etwa 23 Millionen aktive Facebook-Nutzer, weltweit sind es bereits über 900 Millionen Menschen und aktuell ergeben sich Steigerungsraten von weltweit 1,56% pro Monat. [12] Mehr als 140 Millionen Mitglieder senden täglich mehr als 340 Millionen Tweets (Kurznachrichten) an ihre Follower (Abonnenten). [13]

Kleske (2011) weist darauf hin, dass sich mit dem Social Web nicht lediglich ein zusätzlicher Marketingbereich bildet, sondern mit seinen Kommunikationsformen Konsequenzen für Unternehmen entstehen, die „vom Service bis zur Entwicklung" reichen. [14] Hoffmann (2011) teilt in seiner Darstellung der Social-Media-Nutzerzahlen mit, dass im zweiten Quartal des Jahres 2011 46,1 Millionen Deutsche online waren. 38 Millionen gingen 2010 online, um Einkäufe zu tätigen.

---

[11] Vgl. Forrester Research (Hrsg.): Listening and Engaging in the Digital Marketing Age, 2011, S. 11
[12] Vgl. Allfacebook.de (Hrsg.): http://allfacebook.de/userdata, 18.06.2012, [Letzter Zugriff: 18.06.2012]
[13] Vgl. Twitter Inc. (Hrsg.): http://blog.de.twitter.com/2012_03_01_archive.html, 01.03.2012, [Letzter Zugriff: 18.06.2012]
[14] Vgl. Kleske, J.: T-Mobile und das iPhone – Social-Media-Möglichkeiten. Online im Internet: http://www.tautoko.info/2008/07/14/t-mobile-und-das-iphone-social-media-moeglichkeiten, 14.07.2008, [Letzter Zugriff: 06.08.2011]

31,5 Millionen Kunden ließen sich von Suchmaschinen vor dem Einkauf über die Produktqualitäten informieren.[15]

Die Bedeutung von Social Media lässt sich weiter daran messen, dass 76% der deutschen Internet-User sich in einem sozialen Netzwerk engagieren und dort registriert sind. Die deutschen Nutzer verbringen im Monat etwa 24 Stunden online. Auf Facebook entfallen davon durchschnittlich 5 Stunden.[16] Mitte 2011 überschritt Facebook in der Bundesrepublik die Grenze von 20 Millionen Usern. Etwa 50 Prozent dieser User, was 10 Millionen Menschen bedeutet, gehen pro Tag in diesem sozialen Medium online.[17] Diese umfangreichen Nutzerzahlen vermitteln Social Media eine Marktmacht, die zugleich eine Kommunikationsmacht bedeutet, auf die die Unternehmen sich, wollen sie im Internet geschäftlich erfolgreich sein, mit einem permanenten Monitoring und auch Kundendialog kommunikativ einstellen müssen.

2.1.1 Facebook

Facebook gilt als das populärste und umfangreichste soziale Netzwerk. Facebook ist einerseits ein globales Netzwerk, das dem individuellen Nutzer die Möglichkeit bietet, sich mit sämtlichen anderen Nutzern privat in Verbindung zu setzen, indem entsprechende Informationen dort hochgeladen werden.[18] Andererseits präsentieren sich auf Facebook zahllose Unternehmen, die mit entsprechenden Profilauftritten (Fanseiten) ihre Produkte präsentieren, Imagepflege betreiben und mit den Kunden (Fans) kommunizieren. Dies geschieht zum Beispiel in der Form der Einrichtung von Fanseiten.[19] Auf dem globalen Netzwerk von Facebook engagieren sich Unternehmen wie Coca Cola, Disney, Starbucks, Sony Playstation und viele mehr.[20]

---

[15] Vgl. Hoffmann, D.: Social Media Nutzerzahlen und Trends in Deutschland Q2/2011, http://www.socialmedia-blog.de/2011/05/social-media-nutzerzahlen-deutschland/2011, 10.05.2011, [Letzter Zugriff: 12.06.2012]
[16] Vgl. Hoffmann, D.: Social Media Nutzerzahlen ..., ebd., [Letzter Zugriff: 12.06.2012]
[17] Vgl. Hutter, T.: Facebook: 20 Millionen Nutzer in Deutschland, in: http://www.thomashutter.com/index.php/2011/06/facebook-20.mio-nutzer-in-deutschland, 01.06.2011, [Letzter Zugriff: 23.05.2012]
[18] Vgl. Facebook Inc. (Hrsg.): Facebook Startseite, http://d-de.facebook.com, 15.08.2012, [Letzter Zugriff: 15.8.2012]
[19] Vgl. Jodeleit, B.: Social Media Relations ..., a. a. O., S. 148.
[20] Vgl. Hutter, T.: Die Top 20 Brands of Facebook, http://www.thomashutter.com/index.php/2011/11/facebookdie-top-20-brands-auf-facebook/, 14.11.2011, [Letzter Zugriff: 07.8.2012]

Abb. 1 Coca-Cola Facebook Fanseite (Screenshot Facebook)[21]

2.1.2 Twitter

Twitter ist ein Informationsnetzwerk, das Informationen zu bestimmten Thematiken in Echtzeit weitergibt.[22] Twitter lässt sich als Microblogging-Medium[23] betrachten, in welchem die Nutzer ihre Meldungen (Tweets) in der Form von Kurzmitteilungen von maximal 140 Zeichen, aber auch umfangreichere Informationen in Form von Fotos, Videos oder Links verbreiten können. User, die ihre Zustimmungen zu den Darstellungen eines Unternehmens oder einer Person gegeben haben und den entsprechenden Twitter-Account abonnieren, bezeichnet man auf Twitter als Follower. Verschiedene Agenturen, die die Twitter-User im Netz beobachten, berichten von umfangreichen Teilnehmerzahlen. So stellen die

---

21   Coca-Cola Inc. (Hrsg.): Coca-Cola Fanseite, https://www.facebook.com/cocacola, 08.08.2012, [Letzter Zugriff: 08.08.2012 / Heruntergeladen am: 08.08.2012]

22 Vgl. Twitter Inc. (Hrsg.): http://www.twitter.com/about/, 10.08.2012, [Letzter Zugriff: 10.08.2012]

23   Microblogging beschreibt eine Form des Bloggens, bei welcher der Nutzer kurze, SMS-ähnliche Textnachrichten oder Bilder veröffentlicht. Diese Nachrichten lassen sich im Grad ihrer Verbreitung und Privatsphäre verändern und somit privat oder öffentlich zugänglich machen lassen. Die einzelnen Beiträge werden chronologisch dargestellt und lassen sich meist abonnieren. Twitter, Posterous oder Tumblr gehören zu den verbreitetsten Microblogging-Diensten.

Webevangelisten fest, dass im März 2011 etwa 480.000 Twitter-Accounts in deutscher Sprache ihre Tweets verschickten.[24]

Die hohe Anzahl von Twitter-Nutzern birgt Marktpotentiale für Unternehmen, da hier eine Zielgruppe ansprechbar ist, die sich auch mit Kurzmitteilungen in die Kundenkommunikation, das Customer-Relationship-Management (Kundenbeziehungsmanagement) und gegebenenfalls in die Krisenkommunikation des Unternehmens einbeziehen lässt. Twitter bildet nicht zuletzt aufgrund der Schnelligkeit seiner Kommunikation (Tweets erreichen die Follower in Echtzeit) Unternehmen die Möglichkeit, ein unmittelbares Krisenmanagement zu betreiben, und damit einer Kommunikationskrise möglichst schnell entgegenzuwirken und ohne logistischen Aufwand einen Echtzeit-Informationskanal zu etablieren.[25] Internationale aber auch nationale Unternehmen wie die Deutsche Bahn (@DB_Info und @DB_Bahn) oder die Telekom (@deutschetelekom und @telekom_hilft)nutzen Twitter bereits erfolgreich als Kommunikations- und vor allem Supportkanal, um den Kunden in Echtzeit und automatisiert über aktuelle Verspätungen, Sperrungen zu informieren aber auch um mit ihm persönliche Anliegen auf Augenhöhe zu lösen und bieten somit eine digitale Variante der telefonischen Hotline, die für den Kunden komplett kostenfrei ist.

---

[24] Vgl. Pfeiffer, T.: 480.000 Twitter nutzende im März 2011, in: http://www.webevangelisten.de/480-000-twitternutzende-im-maerz-2011, 04.04.2011, [Letzter Zugriff: 10.08.2012]
[25] Vgl. Mai, J.: Pro und Contra – warum sich Twitter gerade für kleine Unternehmen lohnt, in: http://karrierebibel.de/pro-und-contra-warum-sich-twittern-gerade-fur-kleine-unternehmen-lohnt, 20.10.2011, [Letzter Zugriff: 10.08.2012]

8

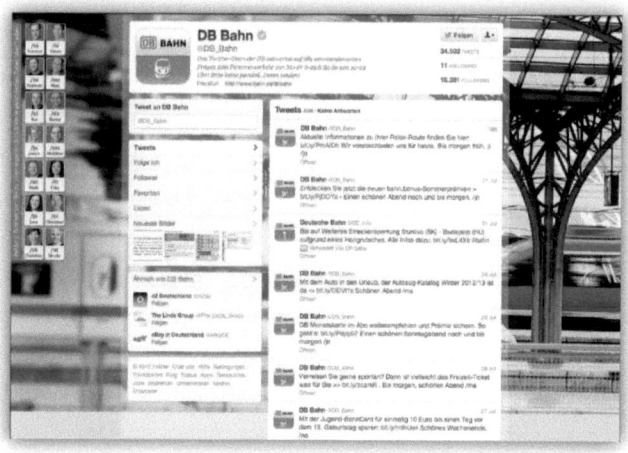

Abb. 2 Twitter-Account der Deutschen Bahn (Screenshot Twitter)[26]

2.1.3 YouTube

YouTube ist ein soziales Videoportal, auf dem sowohl Privatpersonen als auch Unternehmen Videos hochladen können und anderen Nutzern zur Verfügung stellen können. YouTube operiert global, erlebt pro Tag etwa 2 Milliarden Aufrufe und das Hochladen von 24 Stunden Videomaterial je Minute.[27] Besonders Unternehmen bietet YouTube die Chance, eine Selbstdarstellung zu konzipieren, die mit Videomaterial das Unternehmensprofil besonders lebendig und im Sinne der Social-Media-Community gestaltbar macht. YouTube bietet zusätzlich Unternehmen die Möglichkeit, Markenkanäle (brand channels) einzurichten, die sich mit den entsprechenden Tools unternehmensspezifisch gestalten lassen. Global operierende Autokonzerne wie Daimler unterhalten umfangreiche Kanäle auf YouTube, um seine Fahrzeugpalette in Videoform zu präsentieren.[28]

---

[26]   Deutsche Bahn AG (Hrsg.), Twitter Account, Deutsche Bahn, https://twitter.com/DB_Bahn, 07.08.2012, [Letzter Zugriff: 07.08.2012 / Heruntergeladen am: 07.08.2012]

[27] Vgl.   YouTube: Über YouTube – Zeitachse, http://www.youtube.com/t/press_timeline, 10.08.2012, [Letzter Zugriff: 10.08.2012]

[28] Vgl.   Daimler AG (Hrsg.): Daimler im Web 2.0, http://media.daimler.com/dcmedia/0-921-1298488-49-1298489-1-0-0-0-0-0-11694-1298488-0-0-0-0-0-0-0.html, 10.08.2012, [Letzter Zugriff: 10.08.2012]

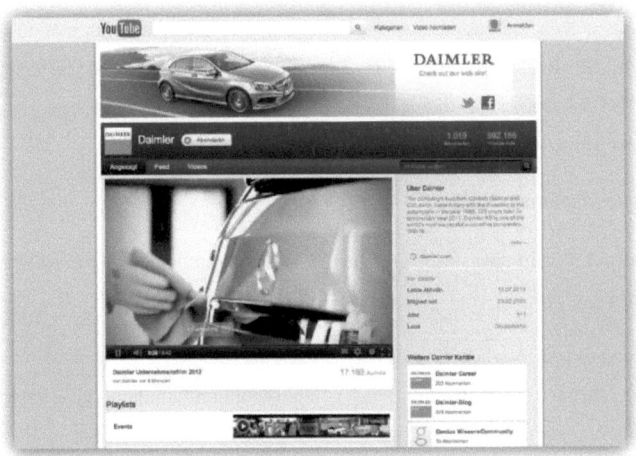

Abb. 3 YouTube Kanal der Daimler AG (Screenshot YouTube)[29]

2.1.4 Corporate Blogs

Das Weblog (auch Blog genannt) ist ein Medium im sozialen Netzwerk, welches sich als elektronisches Tagebuch betrachten lässt. Blogs lassen sich permanent aktualisieren, kommentieren und über bestimmte Tools und Drittanbieter auch abonnieren. Unternehmen, die Corporate Blogs betreiben, schaffen sich auf diese Weise eine Möglichkeit, mit Kunden über diesen speziellen Kanal im Sinne des Customer Relationship Managements (Kundenbeziehungsmanagement) in Kontakt zu treten, Nachrichten über das Unternehmen mitzuteilen oder Produkte darzustellen. Diese Art der Kundenkommunikation bietet den Unternehmen ihrerseits im Rahmen eines kreativen Kundenkontakts Chancen, bestimmte Geschmackstrends zu eruieren und kreativ darauf zu reagieren.[30]

Corporate Blogs lassen sich auf verschiedene Weise einsetzen. Sie können sowohl der internen Kommunikation des Unternehmens, der Marktkommunikation als auch im Rahmen von Public Relations, also als Werbung, ihre Effekte erzeugen.[31] Die mediale Stärke des Corporate Bloggings besteht darin, dass eine kritische und

---

[29]   Daimler AG (Hrsg.): YouTube Kanal der Daimler AG, http://www.youtube.com/user/daimler, 07.07.2012, [Letzter Zugriff: 07.07.2012 / Heruntergeladen am: 07.07.2012]

[30] Vgl.   Jodeleit, B.: Social Media Relations ..., a. a. O., S. 83.
[31] Vgl.   Zerfaß, A.: Unternehmensführung und Öffentlichkeitsarbeit. Grundlegung einer Theorie der Unternehmenskommunikation und Public Relations, 2010, S. 23.

dialogbezogene Kundenkommunikation mit allen Interessenten des Unternehmens möglich ist. Die Reaktionen der Konsumenten auf die Corporate Blogs bieten zugleich Trendhinweise, die ihrerseits die Richtung klassischer PR-Kampagnen mitbestimmen kann.[32]

3 Die neue Macht der Nutzer

3.1 Trolle und Wutbürger. Die Spezifika der Kundenmacht in den sozialen Netzwerken

Die Problematik einer erhöhten Aufmerksamkeit für die Krisenkommunikation des Unternehmens, das sich in den sozialen Netzwerken und Medien wie Twitter, Facebook oder aber auf Corporate Blogs engagiert, macht schon darauf aufmerksam, dass im Social Web ein besonderer Modus des intensiven Customer Relationship Managements in der Form einer aufgeklärten, direkten Kommunikation nötig ist. Die Gefahr, mit einem Shitstorm konfrontiert zu werden, ist ein Gefahrenpotential, das besteht, wenn Unternehmen die so genannte „Customer Energy" unterschätzen oder falsch interpretieren. Mit Customer Energy ist „die Beziehung zwischen Konsumenten und Unternehmen" in einer spezifischen Form der Social Media-Beziehung beschrieben.[33]

Mit „Customer Energy" beeinflusst der Kunde im Social Web „durch die Nutzung digitaler Werkzeuge ... die Wertschöpfungskette von Unternehmen".[34] Die Kundenenergie, die die Konsumenten in den sozialen Netzwerken wie Facebook und Twitter entwickeln, besteht bis zu hohen Graden aus dem Wunsch, bisher unbekannte Konsumerfahrungen zu machen und sich auf diese Weise im Netz zu präsentieren. Diese Customer Energy muss für die Unternehmen aufgrund ihrer komplexen Elemente zu einem deutlichen Umdenken führen, was die traditionelle Konzeption von Produkten angeht. Im Rahmen des Customer Relationship Managements erzwingt die Kommunikationsform in Echtzeit, wie sie im Social Web teilweise ermöglicht wird, auch eine Umstrukturierung kommunikativer Aktivitäten der Unternehmen im Netz.

---

[32] Vgl. Zerfaß, A.: Unternehmensführung ..., a. a. O., S. 5.
[33] Vgl. Fabel, M. / Sonnenschein, M.: Customer Energy: Die neue Macht der Kunden, in: Walsh, G. et al. (Hrsg.): Web 2.0 neue Perspektiven für Marketing und Medien, 2011, S. 191.
[34] Vgl. Fabel, M. / Sonnenschein, M.: Customer Energy ..., a. a. O., S. 191.

Fabel / Sonnenschein (2011) berufen sich auf die Studien des Kearney Customer Energy Surveys, demzufolge Unternehmen entlang ihrer Wertschöpfungskette 5 - 7% an Kostenoptimierungen erreichen können, wenn sie sich kommunikativ auf diese neue Kundenmacht im Netz einlassen.[35] Zusätzlich zur Customer Energy, die sich auf Unternehmen bezieht, besteht mit den sozialen Netzwerken eine Öffentlichkeitsplattform, die sich naturgemäß auch für politische Demonstrationszwecke oder für die Formulierung privaten Ärgers oder der Profilierungssucht von einzelnen Menschen nutzen lässt, welche sich keineswegs auf Unternehmensprobleme beschränken muss.

Der Begriff Shitstorm deutet an, dass sich in den sozialen Netzwerken ein Empörungssturm entfachen lässt, der die Öffentlichkeit einer gesamten Gesellschaft trotz einer vergleichsweise geringen Problembedeutung mit medialer Aufmerksamkeit belegt. Die PR-Agentur vibrio spricht in diesem Zusammenhang von Wut-Bürgern, die sich in den sozialen Netzwerken zu Tausenden zu bestimmten Kampagnen in ihrem Ärger – gleichgültig oder subjektiv oder objektiv – zusammenfinden.[36]

Das von vibrio zitierte Fallbeispiel bezieht sich auf die angebliche Ermordung tausender von Straßenhunden in der Ukraine anlässlich der Fußball-Europameisterschaft 2012. Diese Tötungsaktion wurde unternommen, um die Straßen von streunenden Hunden zu befreien, die den Touristen und Fußballgästen unangenehm hätten auffallen können. Ende 2011 erscheinen auf den Facebook-Seiten der Sponsoren (Adidas, Coca-Cola, Canon, Sharp, Hyundai etc.) erste Meldungen von aufgebrachten Nutzern. Innerhalb von kürzester Zeit überschwemmen bereits tausende Meldungen die Seiten des Sponsoren McDonalds. Facebook ermöglicht es, die Kommentarfunktion für Nutzer zu deaktivieren. McDonalds war zu diesem Zeitpunkt die einzige Seite, die Kommentare von Nutzern unter den eigenen Meldungen auf der Fanseite

---

[35] Vgl. A. T. Kearney Customer Energy Survey, zitiert nach: Fabel, M. / Sonnenschein, M.: Customer Energy ..., a. a. O., S. 193, 194

[36] Vgl. Kausch, M.: Behalten Sie die Kontrolle: Reputationsmanagement im Social Web, http://www.slideshare.net/agenturvibrio/behalten-sie-die-kontrolle-reputationsmanagement-im-social-web-12699921, 25.04.2012, [Letzter Zugriff: 07.07.2012]

zuließen. Demzufolge konzentriert sich der öffentliche Unmut auf den Facebook-Auftritt von McDonalds.

Abb. 4 (links) User-Kommentar auf der McDonalds Facebookseite (Screenshot Facebook)[37]

Abb. 5 (rechts) Reaktionen von Adidas auf Facebook (Screenshot Facebook)[38]

Am Beispiel der entsprechenden Kampagne auf Facebook demonstriert vibrio, mit welchen Tools (Foto- und Videomaterial von Hunden im Todeskampf) solche Kampagnen in den sozialen Netzwerken funktionieren und zugleich Großunternehmen – in diesem Fallbeispiel Sponsoren – wie Coca Cola und McDonalds in Mitleidenschaft ziehen, obgleich diese Unternehmen mit der

[37] McDonalds AG (Hrsg.): McDonalds Fanseite, http://www.facebook.com/mcdonalds, 06.08.2012, [Letzter Zugriff: 06.08.2012 / Heruntergeladen am: 06.08.2012]

[38] Adidas AG (Hrsg.): Adidas Fanseite, http://www.facebook.com/adidas/2011, 2011,[Letzter Zugriff: 08.08.2012 / Heruntergeladen am: 08.08.2012]

Hundetötung ursprünglich nichts zu tun hatten.[39] Die Emotionalisierung (David gegen Goliath), die Visualisierung (Bilder von Hunden im Todeskampf) und die thematische Zuspitzung (Aufruf zum Boykott der gesamten Spiele) sorgten dafür, dass das Thema nach kurzer Zeit von den klassischen Medien wie TV und Print aufgegriffen und medial verbreitet wurde. Die Kunden- bzw. Nutzermacht, die sich auf Facebook und Twitter manifestiert, bildet also einen Energiefaktor, der nicht nur positive Effekte in der kommunikativen Kooperation mit Unternehmen erzeugt, sondern in bestimmten Fällen auch den moralischen Ärger ausdrücken kann, der sich im Netz mit großer Schnelligkeit global verbreiten lässt.

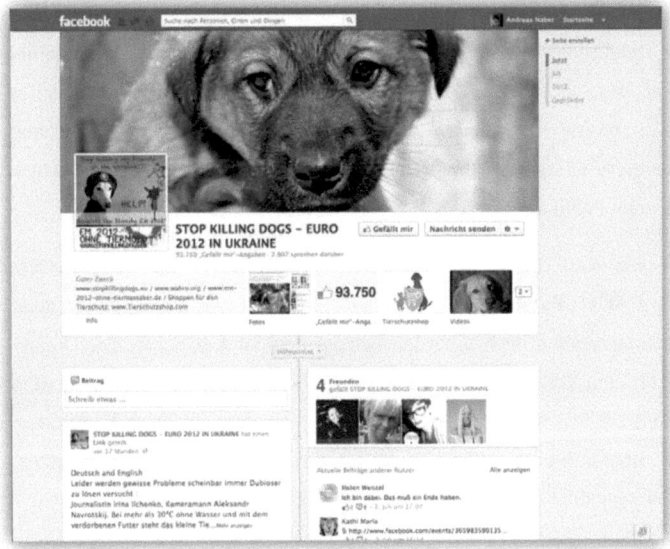

Abb. 6 Fanseite der Aktion „Stop killing dogs – Euro 2012 in Ukraine" auf Facebook (Screenshot Facebook)[40]

---

39 Vgl.   Kausch, M.: Behalten Sie die Kontrolle: Reputationsmanagement im Social Web,
          http://www.slideshare.net/agenturvibrio/behalten-sie-die-kontrolle-
          reputationsmanagement-im-social-web-12699921, 25.04.2012, [Letzter Zugriff: 07.07.2012]
40   Stopp Killing Dogs – Euro 2012 in Ukraine (Hrsg.):
          https://www.facebook.com/Stop.Killing.Dogs.EURO2012, 08.08.2012, [Letzter Zugriff: 08.08.2012 /
          Heruntergeladen am 08.08.2012]

3.2 Auswirkungen auf Gesellschaft und Politik

Steffen Seibert, Regierungssprecher und Chef des Presse- und Informationsamts der Bundesregierung nutzt die Einflussmöglichkeit von Twitter (@RegSprecher), um sich mit seinen Botschaften an die Bundesbürger zu wenden und sie auf diese Weise für die Politik zu gewinnen und zu informieren. Die Interaktivität des Mediums ermöglicht eine deutliche Annäherung des Bürgerwillens an die politische Sphäre. Andererseits lässt sich der Begriff der Bürgerbeteiligung mit dem Slogan „Wir sind das Volk 2.0" auch so interpretieren, dass negative Strömungen zum Ausdruck kommen.[41] Das Web 2.0 bietet aufgrund seiner Kommunikationsmöglichkeiten dem protestierenden Bürger eine Plattform, auf der er via sozialer Netzwerke seinem Ärger über die politischen Repräsentanten und ihre Tätigkeiten Ausdruck verleihen kann. Die Social Media-Kommunikation war unter anderem ein wesentlicher Einflussfaktor, der die Rebellionen in Nordafrika positiv stimulierte, da hier eine Kommunikationsmöglichkeit existierte, die es in ihrer Realtime-Funktion vorher nicht gab und jedem einzelnen ein weltweites Publikum bescherte.

Politiker wie Karl-Theodor zu Guttenberg wurden durch die Netzplattform GuttenPlag Wiki als Fälscher seiner Doktorarbeit entlarvt und durch diese Plagiatsdokumentation im Internet letztlich aus dem Amt getrieben. Die Online-Debatte, in deren Verlauf dem als erfolgreich geltenden Politiker Guttenberg nach und nach 1218 Fragmentstellen mit Fälschungscharakter in seiner Dissertation nachwies, lässt sich bis zu hohen Graden als eine Art Internetpranger betrachten, dessen Wirkung die Karriere des Politikers zerstörte.[42]

Die Konfrontationsthematik, die sich im Bereich der Politik im Internet auf den sozialen Medien abspielt, als „meistgefürchtetes des politischen Betriebs" charakterisiert.[43] Der Vorsitzende der SPD äußerte sich in einem Tweet negativ zum Verhalten der FDP in der Problematik der Vorratsdatenspeicherung. Die

[41] Vgl.   Stern (Hrsg.): Wir sind das Volk 2.0 (Bürgerbeteiligung):
http://www.stern.de/politik/deutschland/buergerbeteiligung-wir-sind-das-volk-20-
1793553.html, 01.03.2012, [Letzter Zugriff: 09.07.2012]
[42] Vgl.   t3n News (Hrsg.): Shitstorms 2011: Die größten Aufreger des Jahres; http://t3n.de/news/shitstorms-2011-
grosten-aufreger-354013, 02.01.2012, [Letzter Zugriff: 15.6.2012.]
[43] Vgl.   Sueddeutsche (Hrsg.): Twittern über Vorratsdatenspeicherung / Sigmar im Sturm,
www.sueddeutsche.de/politik/twittern-ueber-vorratsdatenspeicherung-sigmar-im-sturm-1.1375726, S.1-
3, 06.06.2012, [Letzter Zugriff: 15.6.2012]

Netzgemeinde, die die Vorratsdatenspeicherung (VDS) ablehnt, wandte sich in einer virtuellen Entrüstungswelle gegen die positive Äußerung Gabriels zur Vorratsdatenspeicherung. Die Twitter-User betrachten naturgemäß die VDS als eine Beschneidung ihrer Freiheitsrechte und damit ihrer Bürgerrechte im Netz. Heftige Reaktionen in den sozialen Netzwerken erlebten unter anderem auch die Familienministerin Kristina Schröder, der FDP-Generalsekretär Patrick Döring sowie der Grüne Volker Beck.

Die Negativreaktionen der Netzgemeinde auf Politikeräußerungen in den sozialen Netzwerken werden von der Presse als „Shitstorm" charakterisiert.[44] Andere Presseorgane wie stern.de bezeichnen den Shitstorm als „sachliche bis unfaire Empörungswelle in Internetdiskussionen".[45] Diese Definitionsansätze sind wenig genau und beziehen sich weitgehend auf die emotionale Entrüstung, die in den sozialen Netzwerken als problematisch erscheinen.

3.2.1 Das Internet als Pranger

Im Internet existiert eine Kommunikationsgemeinschaft, die aufgrund der Schnelligkeit ihrer Reaktionsfähigkeit und zusätzlich aufgrund ihrer Kommunikationsmacht dem Internet teilweise eine Prangerfunktion ermöglicht, mit der Individuen, Gruppen oder Unternehmen in eine Opferrolle getrieben werden können. Die diesbezüglichen Stichworte lauten Cybermobbing, Prangerwebseiten wie „I share gossip". Christian Scherg (2010), Experte für strategisches Reputationsmanagement, bezeichnet diese Funktionen als „dunkle Seite des Internets".[46] Mit der „dunklen Seite" bezeichnet Scherg die Tatsache, dass im Internet eine Transparenz der Privatsphäre und schließlich auch der kommerziellen Sphäre von Unternehmen erzeugt werden kann, die die Betroffenen „nackt im Netz" dastehen lassen können.[47] Scherg macht darauf aufmerksam, dass im Internet zum Beispiel mit der Plattform „I share gossip" ein Mobbing möglich wurde, das bis zum Rufmord führte. Das Problem dieser Form des Internetmobbings besteht darin, dass sich die virtuelle Dimension in kürzester

---

[44] Vgl. Sigmar im Sturm, www.sueddeutsche.de ..., a. a. O., S. 1.
[45] Vgl. Bürgerbeteiligung / Wir sind das Volk 2.0, www.stern.de ..., a. a. O., S. 1.
[46] Vgl. Scherg, C.: Rufmord im Internet, So können sich Firmen, Institutionen und Privatpersonen wehren, München 2010, S. 43.
[47] Vgl. Scherg, C.: Rufmord ..., a. a. O., S. 46.

Zeit in der Form konkreter Gewaltanwendung manifestieren kann, wie das Beispiel eines Berliner Schülers zeigt. Letzterer wurde, nachdem er auf der Plattform „I share gossip" gemobbt wurde, von Mitschülern körperlich bedroht.[48] Die Prangerfunktion bestimmter Webseiten äußert sich weiter in Beschimpfungen, Demütigungen und Beleidigungen von Individuen, gegen die sich die Opfer nur schwer oder gar nicht wehren können.[49]

Pörksen / Detel (2012) betrachten die Entrüstungsstürme in den sozialen Netzwerken und seinen Plattformen als eine emotionale Skandalisierung der Gesellschaft in Dauerform, die sich als „Medium der Medien" bezeichnen ließe.[50] Mit Social Media entstehen laut Pörksen / Detel „neue Formen der Enthüllung und neue Formen, Empörung öffentlich zu artikulieren, die aus der Sicht der Betroffenen und Gemeinten als ein fundamentaler Kontrollverlust erlebt werden".[51] In seiner Darstellung einer so genannten „Prangerwebseite" weist Scherg darauf hin, dass die dort von Nutzern eingestellten Inhalte von hoher Emotionalität geprägt sind.[52] Die in diesen Seiten entstehende Meinungsbildung ist infolgedessen extrem subjektiv und hinsichtlich ihrer Inhalte „durch keinerlei Quellen belegt".[53] Die Betroffenen, die einer Entrüstungswelle gegebenenfalls zum Opfer fallen, sind daher, wie Pörksen / Detel konstatieren, in vielen Fällen einer „Endlosschleife der Empörung" ausgesetzt.[54] Am Beispiel der relativ schwachen Datensicherung auf Facebook ist erkennbar, dass eine mögliche Selbstjustiz oder solche Phänomene wie das Cyberstalking ein Problem für die Nutzer darstellen können. Scherg spricht in diesem Zusammenhang von einer „Facebook-Falle".[55]

---

[48] Vgl. Faz.net (Hrsg.), Eine Hetzseite im Netz schürt puren Hass, http://www.faz.net/aktuell/feuilleton/medien/mobbing-im-internet-eine-hetzseite-im-netz-schuert-puren-hass-1611008.html, 24.03.2011, [Letzter Zugriff: 23.06.2012]
[49] Vgl. Spiegel Online (Hrsg.): Share dich fort, http://www.spiegel.de/schulspiegel/0,1518,753034,00.html, 25.03.2011, [Letzter Zugriff: 03.08.2012]
[50] Vgl. Pörksen, B. / Detel, H.: Der entfesselte Skandal. Das Ende der Kontrolle im digitalen Zeitalter, Köln 2012, S. 19.
[51] Vgl. Pörksen, B. / Detel, H.: Der entfesselte Skandal ..., a. a. O., S. 25.
[52] Vgl. Scherg, C.: Rufmord ..., a. a. O., S. 27.
[53] Vgl. Scherg, C.: Rufmord ..., a. a. O., S. 27.
[54] Vgl. Pörksen, B. / Detel, H.: Der entfesselte Skandal ..., a. a. O., S. 212.
[55] Vgl. Scherg, C.: Rufmord ..., a. a. O., S. 46.

Angesichts der dargestellten Problematik liegt es nahe, dass die kommunikativen Gefahrenpotentiale der sozialen Netzwerke Konsequenzen für die Unternehmenskommunikation erzeugen.

3.3 Auswirkungen auf die Unternehmenskommunikation

Es liegt nahe, dass die Entrüstungsfreudigkeit, wie sie in den Social Media gegebenenfalls herrscht und sich schnell verbreitet, die Unternehmen zu einer Krisenkommunikation veranlassen muss, die besonders darauf achtet, sich einer Entrüstungswelle, die das Image schädigen kann, geschickt entgegen zu stellen. Eine elementare Aufgabe der Unternehmenskommunikation ist es Krisen zu verhindern. Sollte sich diese jedoch nicht verhindern lassen, ist sie schnellst möglichst einzudämmen und beherrschbar zu machen. Erfolgreiche Kommunikatoren greifen dabei auf das Instrument des Social-Media-Monitoring zurück.[56] Die Bedingungen einer vernetzten Welt erfordern infolgedessen ein Monitoring der Social Media Kanäle.[57] Stichworte für adäquate Reaktionsformen auf mögliche Prangerfunktionen in den sozialen Netzwerken sind das Social-Media-Monitoring, eine rasche Reaktionsform auf die dort gemachten Beobachtungen, die permanente Kommunikation mit den Zielgruppen sowie eine mögliche Suchmaschinenoptimierung, die Alarmsignale in den Netzwerken rasch und korrekt interpretiert. Unternehmen, die sich im Social Web ökonomisch mit einem Marketing engagieren, können sich wie Schmaltz (2012) feststellt, nicht mehr auf traditionelle hierarchische Kommunikationsstrukturen berufen.[58] T. Schmaltz (2012) konstatiert, dass sich „digitale Informationsgüter kollektiv produzieren, austauschen und konsumieren lassen ...", wobei sich die Akteure in völliger Unabhängigkeit bewegen.[59]

Ein Social-Media-Monitoring, das ein Unternehmen als prophylaktische Krisenkommunikation einsetzt, ist infolgedessen gehalten, die sozialen Netzwerke, die oben beschrieben wurden, auf bestimmte Meinungstrends hin zu

---

[56] Vgl. Business Intelligence Group (Hrsg.): Monitoring als Frühwarnsystem, http://www.big-social-media.de/de/news_publikationen/meldungen/2012_06_04_Monitoring_als_FWS.php, 04.06.2012, [Letzter Zugriff: 07.08.2012]

[57] Vgl. Scott, D. M.: Die neuen Marketing- und PR-Regeln m Web 2.0, Hamburg 2010, S. 73.

[58] Vgl. Schmaltz, T.: Vernetzte Informationswirtschaft, in: Michelis, D. / Schildhauer, T. (Hrsg.): Social Media Handbuch, Baden-Baden 2012, S. 174-182, dort S. 174.

[59] Vgl. Schmaltz, T.: Vernetzte Informationswirtschaft, a. a. O., S. 174.

durchforsten. Hierzu bietet sich ein Echtzeit-Monitoring an, da im Internet rasche Reaktionen über den unternehmerischen Erfolg entscheiden können.[60] Das Social-Media-Monitoring lässt sich zugleich als Frühwarnsystem betrachten, das Unternehmen einsetzen können, um sich verändernde Geschmacks- und Meinungstrends im Social Web zu erkennen, bevor sie gegebenenfalls den Anschluss an entsprechende Konsumentenbedürfnisse verlieren oder aber der Übersprung (Spill-Over) zu den klassischen Medien vollzogen wird.[61] Letzteres konnte in jüngster Vergangenheit immer wieder beobachtet werden. Durch die Konvergenz der Medien kann der Auslöser eines Shitstorms sowohl in den Social Media selbst liegen, als auch aus klassischen Medien in diese hineingetragen werden, sowie unternehmensintern oder -extern ausgelöst werden. Somit ist es theoretisch möglich, mit dem Gegensteuern zu beginnen, bevor er Massen von Nutzern erreichen oder gar in die klassischen Medien überspringt. [62]

Das Echtzeit-Monitoring bietet dem Unternehmen die Möglichkeit, auf Trends im Internet so schnell zu reagieren, wie es die dortigen User erwarten. Da die Nutzer des Web 2.0 angesichts ihrer Entrüstungsfreudigkeit durchaus subjektive Meinungen vertreten, hat das Unternehmen mit schnellen Reaktionen die Chance, problematische Behauptungen im Internet zu korrigieren und Falschmeldungen durch gezielte Kommunikation entgegenzutreten. Wird ein solches Monitoring im Sinne eines adäquaten Customer Relationship Marketings korrekt vermittelt, so erkennen die Konsumenten, dass das betreffende Unternehmen ihre Reaktionen im Netz ernst nimmt und sind eher bereit, den Netzauftritten des Unternehmens Vertrauen zu schenken. Wie die weiter unten dargestellten Problemlagen der Krisenkommunikation demonstrieren, besteht einer der wesentlichen Fehler in der Unternehmenskommunikation im Internet darin, Informations- bzw. Meinungskanäle zu verbarrikadieren und sich hinter Verboten zu verstecken. Ein solches negatives, abweisendes Kommunikationsverhalten wird von den Nutzern des Web 2.0 schnell als Zensur aufgefasst und führt zu den Reaktionen, die mit

---

[60] Vgl. Eck, K.: Transparent und glaubwürdig. Das optimale Online-Reputationsmanagement für Unternehmen, München 2010, S. 127.

[61] Vgl. Forschungsinstitut Institut für e-Management e.V. (Hrsg.), Social-Media-Monitoring, http://www.social-media-monitoring.org/definition.htm, 2011, [Letzter Zugriff: 01.08.2012]

[62] Vgl. Business Intelligence Group (Hrsg.): Monitoring als Frühwarnsystem, http://www.big-social-media.de/de/news_publikationen/meldungen/2012_06_04_Monitoring_als_FWS.php, 04.06.2012, [Letzter Zugriff: 07.08.2012]

der Unternehmenskommunikation vermieden werden sollten. Mit den Monitoring-Reaktionen, die das Unternehmen im Netz hinterlässt, ergibt sich automatisch eine Kundennähe, die professionelle Vorteile für das Unternehmensgeschäft mit sich bringt. Ein auf Markenpflege bedachtes Unternehmen hat mit solchen Monitoring-Reaktionen die Möglichkeit, einen Kundenkontakt aufzubauen, den es in dieser interaktiven Form bisher nicht gab.

Im Netz entsteht eine Unternehmenswahrnehmung, die sich auf diese Weise unter den Konsumenten auch viral verbreitet, da die User durch die mündliche Weiterverbreitung entsprechend positiver Unternehmenskommunikation zur Verbesserung des Markenimages eines Unternehmens beitragen können.[63] Das Social Media Monitoring bildet also in einer geschickten Anwendung mit raschen Reaktionen auf Kundenstimmungen ein Marketing-Tool, das dem Unternehmen zusätzlich bedeutende Informationen über die Konsumstimmung der Kunden vermitteln kann. Diese Informationen sind für das so genannte Data Mining von nicht zu unterschätzendem Wert.[64] Sind unter den Nutzern, die das Monitoring betreut, so genannte Markenevangelisten, so ist ihre kommunikative Berücksichtigung umso bedeutender, was die kommunikative Markenpflege des Unternehmens angeht.[65]

3.3.1 Bewertungsplattformen als Erfolgsindikatoren

Die so genannten Bewertungsplattformen im Social Web bilden eine Kommunikationsebene, in welcher sich Kundeninteressen und Unternehmensinteressen in ihrer Kommunikation auf paradoxe Weise vermischen und einander widersprechen können. So sind etliche Unternehmen bzw. Unternehmer dabei ertappt worden, ihre eigenen Produkte auf solchen Bewertungsplattformen zu loben.[66] Mit solchen Fake-Rezensionen schadet das Unternehmen, das sie betreibt, einerseits sich selbst, andererseits auch den Konsumenten, da letztere mit den dort verbreiteten Informationen über die

---

[63] Vgl. Weinberg, T.: Social Media Marketing Strategien für Twitter, Facebook & Co, Köln 2010, S. 357.

[64] Vgl. Blömike, E. et al.: Kundenintegration in die Wertschöpfung am Beispiel des Buchmarkts, in: Walsh, G. et al. (Hrsg.): Web 2.0 neue Perspektiven für Marketing und Medien, Heidelberg, London, New York 2011, S. 253-267

[65] Vgl. Weinberg, T.: Social Media Marketing ..., a. a. O., S. 65.

[66] Vgl. Gründerszene – das Magazin für Gründer: Bewertungsplattformen auf dem Prüfstand / Was tun bei Fake-Bewertungen auf Bewertungsportalen, 21.2.2011, S. 1-3, (J. Kaczmarek).

Qualität der Produkte getäuscht werden. Helmut Hoffer von Ankershoffen schrieb auf Amazon über das WeTab (Tablet-PC), ein von seinem Unternehmen produziertes Gerät, eine positive Rezension und verlor, als die Fälschung aufgedeckt wurde, seinen Posten. Imageschäden erlitt auch die Textprovider-Agentur für das Preisvergleichsportal von t-online, auf der die Agentur etliche User-Beurteilungen einstellte, die ebenfalls auf Fakes beruhten.[67]

Die Community Manager, die für Unternehmen Markenpflege in den sozialen Netzwerken betreiben, sind einerseits darauf bedacht, Kundenreaktionen zu erfassen und markenadäquat darauf zu reagieren, andererseits werden diese Manager selbst durch eventuelle Fakes im Netz an einer sinnvollen Kommunikation teilweise gehindert. Der Community Manager eines Unternehmens hat die Aufgabe, „Fürsprecher des Produkts oder der Marke" eines Unternehmens im Netz zu orten, um kommunikativ eingreifen zu können, um die Marke ins rechte Licht zu rücken.[68] Die Bloggering und Community Managering Romy Mlinzk (2012) stellt in diesem Zusammenhang fest, dass bestimmte Konsumenten sich in den Plattformen wie „Krawallmacher" auslassen und dass dort nach dem nicht mehr maßgeblichen Motto „Der Kunde ist König" ein permanentes Monitoring nötig ist, damit von solchen Konsumenten nicht ein „Shitstorm" provoziert wird.[69] Mlinzk fordert in ihrer Kritik an den selbsternannten Kundenkönigen, dass letztere ihre permanente Entrüstungsstimmung zu bezähmen hätten.[70] Mit dieser Einstellung fordert sie die Kritik der Kommentatoren heraus. So stellt der Nutzer Christian in einem Kommentar fest, dass der User „nicht der Kunde des Unternehmens, sondern sein „Auftraggeber" sei".[71] Mit seiner Kritik an den möglichen „Krawallmachern" im Netz, die jederzeit einen Shitstorm entfachen könnten, erntete Mlinzk genau die Entrüstung, vor der sie warnen wollte. Die Problematik eines Shitstorms ist in den sozialen Netzwerken also niemals zu unterschätzen.

---

[67] Vgl. Gründerszene – das Magazin für Gründer: Bewertungsplattformen ..., a. a. O., S. 1.
[68] Vgl. Weinberg, T.: Social Media Marketing ..., a. a. O., S. 64.
[69] Vgl. Mlinzk, R.: Digital life of snoopsmaus: Der Kunde ist nicht König!, www.snoopsmaus.de/2012/03/der-kunde-ist-nicht-der-koenig, S. 1-17,20.03.2012, [Letzter Zugriff: 07.06.2012]
[70] Vgl. Mlinzk, R.: Digital life of snoopsmaus: Der Kunde ist nicht König!, a. a. O., S. 1.
[71] Vgl. Mlinzk, R.: Digital life of snoopsmaus: Kommentare / Christian, 20.3.2012, a. a. O., S. 2.

4. Literaturverzeichnis (inklusive weiterführender Literatur)

Bücher

Bea, F. X. / Haas, J.: Strategisches Management, Stuttgart 2004, S. 15ff.

Bredl, M.: Sozialkapital in virtuellen Welten, in: Schauer, T: (Hrsg.): Leben im Cyberspace. Die Bildung von Sozialkapital in virtuellen Welten, The Club of Rome, 2007, S.7 ff.

Blömike, E. et al.: Kundenintegration in die Wertschöpfung am Beispiel des Buchmarkts, in: Walsh, G. et al. (Hrsg.): Web 2.0 neue Perspektiven für Marketing und Medien, Heidelberg, London, New York 2011, S. 253-267

Bruhn, M.: Kommunikationspolitik, 3. Auflage, München 2001, S. 2.

Bundesverband Digitale Wirtschaft e. V. (Hrsg.): Social Media Kompass, Düsseldorf 2009, S. 5.

Eck, K.: Transparent und glaubwürdig. Das optimale Online-Reputationsmanagement für Unternehmen, München 2010, S. 127.

Fabel, M. / Sonnenschein, M.: Customer Energy: Die neue Macht der Kunden, in: Walsh, G. et al. (Hrsg.): Web 2.0 neue Perspektiven für Marketing und Medien, Heidelberg, London, New York 2011, S. 191.

Forrester Research (Hrsg.): Listening and Engaging in the Digital Marketing Age, 2011, S. 11.

Grosskurth, L.: Showstopper Wirklichkeit? Krisen-PR zwischen Theorie und Praxis, in: Laumer, R. / Pütz, J. (Hrsg.): Krisen-PR in der Praxis Wie Kommunikations-Profis mit Krisen umgehen, Münster 2006, S. 146-160.

Hasse, M.: Krisenraum Internet – online-gestützte Handlungsstrategien und Instrumente zur Krisenbewältigung, in: Möhrle, H. (Hrsg.): Krisen-PR: Krisen erkennen, meistern und vorbeugen, Ein Handbuch von Profis für Profis, Frankfurt am Main 2004, S. 167-174.

Hecker, S.: Kommunikation in ökologischen Umweltkrisen. Der Fall Shell und Brend Spar, Wiesbaden 1997, S. 71.

Hippner, H.: Bedeutung, Anwendungen und Einsatzpotentiale von Social Software, in: Hildebrandt, K. / Hofmann, J. (Hrsg.): Social Software, Heidelberg 2006, S. 12.

Homuth, S.: Wirksame Krisenkommunikation – Theorie und Praxis der Public Relation in Imagekrisen, Libri 2000, S. 9.

Jodeleit, B.: Social Media Relations Leitfaden für erfolgreiche PR-Strategien und Öffentlichkeitsarbeit im Web 2.0. Heidelberg 2010, S. X.

Jönck, U.: Krisenkommunikation, in: Hutzschenreuter, T. / Griess-Nega, T. (Hrsg.): Krisenmanagement: Grundlagen, Strategien, Instrumente, Wiesbaden 2006, S. 449-454.

Kunzick, M. / Heintzel, A. / Zipfel, A.: Krisen-PR: Unternehmensstrategien im umweltsensiblen Bereich, Köln 1995, S. 142.

Krystek, U.: Unternehmenskrisen – Beschreibung, Vermeidung und Bewältigung überlebenskritischer Prozesse in Unternehmen, Wiesbaden 1987, S. 6.

Krystek, U.: Krisenarten und Krisenursachen, in: Hutzschenreuter, T. / Griess-Nega, T. (Hrsg.): Krisenmanagement: Grundlagen, Strategien, Instrumente, Wiesbaden 2006, S. 43-64

Mast, C.: Nach der Krise ist vor der Krise: Beschleunigung der Krisenkommunikation, in: Nolting. T. / Thießen, A. (Hrsg.) Krisenmanagement in der Mediengesellschaft: Potenziale und Perspektiven in der Krisenkommunikation, Wiesbaden 2008, S. 98-111, dort S. 101.

Meier, C.: Allzeit bereit – Auch in „Friedenszeiten" gut kommunizieren, in: Möhrle, H. (Hrsg.): Krisen-PR: Krisen erkennen, meistern und vorbeugen, Ein Handbuch von Profis für Profis, Frankfurt am Main 2004, S. 84-92, dort S. 86.

Möhrle, H.: Plädoyer für ein erweitertes Verständnis der Kommunikationskriterien, in: Möhrle, H. (Hrsg.): Krisen-PR: Krisen erkennen, meistern und vorbeugen, Ein Handbuch von Profis für Profis, Frankfurt am Main 2004, S. 12-29.

Ruisinger, D.: Online Relations Leitfaden für moderne PR im Netz, Stuttgart 2011, S. 17.

Pörksen, B. / Detel, H.: Der entfesselte Skandal. Das Ende der Kontrolle im digitalen Zeitalter, Köln 2012, S. 19.

Puttenat, D.: Praxishandbuch Presse- und Öffentlichkeitsarbeit - Eine Einführung in professionelle PR und Unternehmenskommunikation, Wiesbaden 2007, S. 18.

Puttenat, D.: Praxishandbuch Krisenkommunikation von Ackermann bis Zumwinkel: PR-Störfälle und ihre Lektionen, Wiesbaden 2009, S. 97ff.

Scherg, C.: Rufmord im Internet, So können sich Firmen, Institutionen und Privatpersonen wehren, München 2010, S. 43.

Schmaltz, T.: Vernetzte Informationswirtschaft, in: Michelis, D. / Schildhauer, T. (Hrsg.): Social Media Handbuch, Baden-Baden 2012, S. 174-182, dort S. 174.

Scott, D. M.: Die neuen Marketing- und PR-Regeln m Web 2.0, Hamburg 2010, S. 73.

Stiglitz, J.: Die Schatten der Globalisierung, München 2004.

Töpfer, A.: Krisenkommunikation. Anforderungen an den Dialog mit Stakeholdern in Ausnahmesituationen, in: Meckel, M. / Beat, S. (Hrsg.): Unternehmenskommunikation. Kommunikationsmanagement aus Sicht der Unternehmensführung, Wiesbaden 2008, S. 355-402, dort S. 369.

Weinberg, T.: Social Media Marketing Strategien für Twitter, Facebook & Co, Köln 2010, S. 357.

Zerfaß, A.: Unternehmensführung und Öffentlichkeitsarbeit. Grundlegung einer Theorie der Unternehmenskommunikation und Public Relations, Wiesbaden 2010, S. 23.

Ziegler, J.: Das Imperium der Schande Der Kampf gegen Armut und Unterdrückung, München 2007, S. 251.

Onlinequellen

Adidas AG (Hrsg.): Adidas Fanseite, http://www.facebook.com/adidas/2011, [Letzter Zugriff: 08.08.2012 / Heruntergeladen am: 08.08.2012]

Allfacebook.de (Hrsg.): http://allfacebook.de/userdata, 18.06.2012, [letzter Abruf: 18.06.2012]

Anton Schlecker Ehlingen (Hrsg.): Heruntergeladen auf: http://bremsspur.org/schlecker-brief/, 28.10.2011, [Heruntergeladen am: 07.08.2012]

Business Intelligence Group (Hrsg.): Monitoring als Frühwarnsystem, http://www.big-social-media.de/de/news_publikationen/meldungen/2012_06_04_Monitoring_als_FWS.php, 04.06.2012, [Letzter Zugriff: 07.08.2012]

Business-Wissen.de (Hrsg.), http://www.business-wissen.de/organisation/kritik-von-kunden-ueber-social-media/, 2012, [letzter Abruf: 18.06.2012 / 18:22 Uhr]

Coca-Cola Inc. (Hrsg.): Coca-Cola Fanseite, https://www.facebook.com/cocacola, 08.08.2012, [Letzter Zugriff: 08.08.2012 / Heruntergeladen am: 08.08.2012]

Daimler AG (Hrsg.): Daimler im Web 2.0. http:// http://media.daimler.com/dcmedia/0-921-1298488-49-1298489-1-0-0-0-0-1-0-1298488-0-0-0-0-0-0-0.html, 2012, [Letzter Zugriff: 06.08.2012]

Daimler AG (Hrsg.): YouTube Kanal der Daimler AG, http://www.youtube.com/user/daimler, 2012, [Letzter Zugriff: 07.07.2012]

Der Spiegel (Hrsg.), Noch mal nachdenken, http://www.spiegel.de/spiegel/print/d-86402954.html, 11.06.2012, [Letzter Zugriff: 06.06.2012]

Deutsche Bahn AG (Hrsg.), Twitter Account, Deutsche Bahn, https://twitter.com/DB_Bahn, 2012, [Letzter Zugriff: 07.08.2012 / Heruntergeladen am: 07.08.2012]

Deutsche Welle (Hrsg.), Digitales Leben / Shitstorm – der Fluch im Netz, http://www.dw.de/dw/article/0,,16043392,00.html, 27.06.2012, [Letzter Zugriff: 23.05.2012]

Duden (Hrsg.): http://szenesprachenwiki.de/definition/shitstorm/ 2012, [letzter Abruf: 18.06.2012 / 19:24 Uhr]

Express (Hrsg.): Greenpeace zeigt Schock-Video mit Affenfinger, http://express.de/image/view/2010/2/19/1220478,810726, KitKat.jpg, 2012, [Letzter Zugriff: 15.06.2012]

Facebook Inc. (Hrsg.): Facebook Startseite, http://d-de.facebook.com, 15.08.2012, [Letzter Zugriff: 15.8.2012]

Facebook Inc. (Hrsg.): Facebook Startseite, http://d-de.facebook.com, 2012, [Letzter Zugriff: 15.8.2012]

Faz.net (Hrsg.), Eine Hetzseite im Netz schürt puren Hass, http://www.faz.net/aktuell/feuilleton/medien/mobbing-im-internet-eine-hetzseite-im-netz-schuert-puren-hass-1611008.html, 24.03.2011, [Letzter Zugriff: 23.06.2012]

Forschungsinstitut Institut für e-Management e.V. (Hrsg.), Social-Media-Monitoring, http://www.social-media-monitoring.org/definition.htm, 2011, [Letzter Zugriff: 01.08.2012]

Frankfurter Rundschau (Hrsg.): Netzgemeinde Shitstorm ist mehr als Spaß am Krawall, http://www.fr-online.de/politk/netzgemeinde-shitstorm-ist-mehr-als-spass-am-krawall,1472596,11845902.html, 19.03.2012, S.1-4, [Letzter Zugriff: 18.05.2012]

Greenpeace (Hrsg.): Fragen und Antworten zu Greenpeace, http://www.greenpeace.de/themen/sonstige_themen_nachrichten/artikel/fragen_antworten_zu_greenpeace.html, 08.2012, [Letzter Zugriff: 28.6.2012]

Greenpeace (Hrsg.): http://blog.greenpeace.de/wp-content-uploads/2010/03/screen-kitkat-facebookl.jpg, 03.2010, [Letzter Zugriff: 15.05.2012 / Heruntergeladen am: 15.05.2012]

Handelsblatt (Hrsg.): Fleischdebatten, schräge Typen und böse Überraschungen, http://www.handelsblatt.com/unternehmen/it-medien/die-macht-des-internets-fleischdebatten-schraege-typen-und-boese-ueberraschungen/6090166.html, S. 1-7, 26.01.2012, [Letzter Zugriff: 05.04.2012]

Hedemann, F.: Shitstorms 2011 – Die größten Aufreger, http://t3n.de/news/shitstorms-2011-grosten-aufreger-354013, 2012, [Letzter Zugriff: 08.08.2012]

Hein, D.: Horizont.net (Hrsg.): PR-Debakel. Nestlé bringt eigene Fans gegen sich auf, 2010; http://www.horizont.net/aktuell/marketing/pages/protected/pr-debakel-nestleEF%BF%BD-bringt-eigene-fans-gegen-sich-auf_91027.html, 22.03.2010, Letzter Zugriff: 17.05.2012]

Henne, C.: Social Media Strategie und online-pr: Social Media Shitstorms und die PR-Krisen: Warum vieles Krisengerede ist und eine Hotline nicht hilft, blog.henne-digital.com/shitstorm-pr-social-media-krise, S. 1-10, 23.04.2012, [Letzter Zugriff: 03.04.2012]

Hoffmann, D.: Social Media Nutzerzahlen und Trends in Deutschland Q2/2011, http://www.socialmedia-blog.de/2011/05/social-media-nutzerzahlen-deutschland/2011, 10.05.2011, [Letzter Zugriff: 12.06.2012]

Hutter, T.: Facebook: 20 Millionen Nutzer in Deutschland, in: http://www.thomashutter.com/index.php/2011/06/facebook-20.mio-nutzer-in-deutschland, 01.06.2011, [Letzter Zugriff: 23.05.2012]

Hutter, T.: Die Top 20 Brands of Facebook, http://www.thomashutter.com/index.php/2011/11/facebookdie-top-20-brands-auf-facebook/, 14.11.2011, [Letzter Zugriff: 07.8.2012]

Hutter, T.: Wenn Facebook Fanpages zu Kriegsschauplätzen werden, http://www.thomashutter.com/index.php/2010/03/facebook-wenn-fanpages-kriegsschauplatz-werden, 2012, [Letzter Zugriff: 28.07.2012]

Internet World Business (Hrsg.): Follower und Fans als Markenbotschafter, http://www.internetworld.de/Nachrichten/Medien/Zahlen-Studien/Social-Media-Effects-2012-Follower-und-Fans-als-Markenbotschafter-66658.html, 11.06.2012, [Letzter Zugriff: 01.08.2012]

Jeschke, C.: Das neue Modewort Shitstorm, in: Social Media Club – www.socialmediaclub.at/2012/01/das-neu-modewort-shitstorm.html, 31.01.2012, [Letzter Zugriff: 31.06.2012]

Kausch, M.: Behalten Sie die Kontrolle: Reputationsmanagement im Social Web, http://www.slideshare.net/agenturvibrio/behalten-sie-die-kontrolle-reputationsmanagement-im-social-web-12699921, 25.04.2012, [Letzter Zugriff: 07.07.2012]

Kleske, J.: T-Mobile und das iPhone – Social-Media-Möglichkeiten. Online im Internet: http://www.tautoko.info/2008/07/14/t-mobile-und-das-iphone-social-media-moeglichkeiten, 14.07.2008, [Letzter Zugriff: 06.08.2011]

Knüwer, T.: Wenn Social Media fehl am Platz ist, http://www.indiskretionehrensache.de/2011/02/teldafax-facebook/, 27.02.2011, [Letzter Zugriff: 07.03.2012]

Kolbrück, O.: Off the record: Nestlé – eine Leseempfehlung; http://off-the-record.de/2010/03/23/nestle-eine-leseempfehlung/, 23.03.2012, [Letzter Zugriff: 29.6.2012]

Koß, S.: Streisand-Effekt, http://linkedinsiders.wordpress.com/2012/02/15/streisand-effekt/, S. 1-6, 2012, [Letzter Zugriff: 19.06.2012]

Link, O.: Im Auge des Shit-Stürmchens, Brand Eins, 02/12, http://www.brandeins.de/magazin/markenkommunikation/im-auge-des-shit-stuermchens.html, S. 94-99, 02.2012, [Letzter Zugriff: 05.06.2012]

Lobo, S.: http://saschalobo.com/2011/10/28/der-brief-den-schlecker-jetzt-schreiben-sollte, S. 1-16, 28.10.2011, [Letzter Zugriff: 28.07.2012]

Lobo, S.: How to survive a Shitstorm." , http://saschalobo.com/2010/04/22/how-to-survive-a-shitstorm/, 22.04.2010, [Letzter Zugriff: 06.08.2012]

Mai, J.: Pro und Contra – warum sich Twitter gerade für kleine Unternehmen lohnt, in: http://karrierebibel.de/pro-und-contra-warum-sich-twittern-gerade-fur-kleine-unternehmen-lohnt, 20.10.2011, [Letzter Zugriff: 10.08.2012]

McDonalds AG (Hrsg.): McDonalds Fanseite, http://www.facebook.com/mcdonalds, 2012, [Letzter Zugriff: 06.08.2012 / Heruntergeladen am: 06.08.2012]

Mlinzk, R.: Digital life of snoopsmaus: Der Kunde ist nicht König!, www.snoopsmaus.de/2012/03/der-kunde-ist-nicht-der-koenig, S. 1-17,20.03.2012, [Letzter Zugriff: 07.06.2012]

Ohne Verfasser: http://linkedinsiders.wordpress.com/2012/02/15/streisand-effekt/,2012, [Letzter Zugriff: 04.04.2012]

Otto Versand (Hrsg.): http://twoforfeshion.otto.de/otto-model-contest-brigitte/015417, 2012, [Letzter Zugriff: 01.07.2012]

Otto AG (Hrsg.): http://www.facebook.com/otto, 2012, [Letzter Abruf: 04.05.2012 / Heruntergeladen am: 04.05.2012]

Pfeiffer, T.: 480.000 Twitter nutzende im März 2011, in: http://www.webevangelisten.de/480-000-twitternutzende-im-maerz-2011, 04.04.2011, [Letzter Zugriff: 10.08.2012]

Rettet den Regenwald e.V. (Hrsg.): Palmölmulti Sinar Mas lässt auf Bauern schießen, http://www.regenwald.org/news/3294/indonesien-palmoelmulti-sinar-mas-laesst-auf-bauen-schiessen, 17.01.2011, [Letzter Zugriff: 09.08.2012]

Salzkommunikation Berlin GmbH (Hrsg.): Otto+Brigitte, http://blog.salz-berlin.de/otto-brigitte/, 2012, [Letzter Zugriff: 08.08.2012 / Heruntergeladen am: 08.08.2012]

Spiegel Online (Hrsg.): Share dich fort, http://www.spiegel.de/schulspiegel/0,1518,753034,00.html, 25.03.2011, [Letzter Zugriff: 03.08.2012]

Spiegel Online (Hrsg.): Shitstorm, nein danke!, http://www.spiegel.de/politik/deutschland/shitstorm-politiker-fuerchten-hass-im-internet-a-829312.html, 25.04.2012, [Letzter Zugriff: 25.4.2012]

Spiegel Online (Hrsg.): Kleiner David; http://www.spiegel.de/spiegelprint/d41213155.html, 28.06.1976, [Letzter Zugriff: 01.08.2012]

Steinhagen, W.: Der vermeintliche Shitstorm bei Ing-DiBa – Fanaktivität auf der Ing-DiBa-Fanpage November 2011 bis Januar 2012, http://www.crowdmedia.de/wurst-tommy-und-weltfrieden-unser-wochenruckblick, Version 1.0, S. 1-7, 27.01.2012, [Letzter Zugriff: 05.08.2012]

Stern (Hrsg.): Wir sind das Volk 2.0 (Bürgerbeteiligung): http://www.stern.de/politik/deutschland/buergerbeteiligung-wir-sind-das-volk-20-1793553.html, 01.03.2012, [Letzter Zugriff: 09.07.2012]

Stopp Killing Dogs – Euro 2012 in Ukraine (Hrsg.): https://www.facebook.com/Stop.Killing.Dogs.EURO2012, 08.08.2012, [Letzter Zugriff: 08.08.2012 / Heruntergeladen am 08.08.2012]

Sueddeutsche (Hrsg.): Twittern über Vorratsdatenspeicherung / Sigmar im Sturm, www.sueddeutsche.de/politik/twittern-ueber-vorratsdatenspeicherung-sigmar-im-sturm-1.1375726, S.1-3, 06.06.2012, [Letzter Zugriff: 15.6.2012]

Süddeutsche Zeitung Magazin (Hrsg.), : Nr. 1 der Anglizismen: Der Shitstorm; http://www.sz-magazin.sueddeutsche.de/blogs/nummer1/1827/nummer-1-der-anglizismen-der-shitstorm, 16.02.2012, [Letzter Zugriff: 15.6.2012,]

t3n News (Hrsg.): Shitstorms 2011: Die größten Aufreger des Jahres; http://t3n.de/news/shitstorms-2011-grosten-aufreger-354013, 02.01.2012, [Letzter Zugriff: 15.6.2012.]

t3n News (Hrsg.): Shitstorm-Skala: Wann herrscht schwere See?, http://www.t3n.de/news/shitstorms-skala-herrscht-schwere-see-384338, S. 3-16, 25.04.2012, [Letzter Zugriff: 02.05.2012]

t3n News (Hrsg.): WWF-Shitstorm: Warum Krisenkommunikation nicht um 18 Uhr enden sollte, http://t3n.de/news/wwf-shitstorm-krisenkommunikation-um-18-uhr-enden-sollte-316768/, 24.06.2011, [Letzter Zugriff: 08.08.2012 / Heruntergeladen am: 08.08.2012]

Tißler, J.: Social Media Fails. http://t3n.de/news/social-media-fails-heute-teldafax-298784/, 28.02.2011, [Letzter Zugriff: 7.2.2012]

Tschierschwitz, S.: Social Media bei Otto; http://blog.b2sm.de/2010/12/13/social-media-bei-otto, 13.12.2010, [Letzter Zugriff: 08.05.2012]

Twitter Inc. (Hrsg.): http://www.twitter.com/about/, 10.08.2012, [Letzter Zugriff: 10.08.2012]

Twitter Inc. (Hrsg.): http://blog.de.twitter.com/2012_03_01_archive.html, 01.03.2012, [Letzter Abruf: 18.06.2012]

Welt Online (Hrsg.): Nestlé nimmt „Butterfinger" vom Markt; http://www.welt.de/printwelt/article577500/nestle_nimmt_butterfinger_vom_markt.html, 17.07.1999, [Letzter Zugriff: 23.05.2012]

Wikimedia (Hrsg.): Stichwort - Streisand-Effekt; http://de.wikipedia.org/wiki/Streisand-Effekt, [Letzter Zugriff: 23.07.2012]

Werben & Verkaufen (Hrsg.), Manipulierte Shitstorms?: Wie Unternehmen bei diesem Verdacht reagieren sollten,

http://www.wuv.de/nachrichten/digital/manipulierte_shitstorms_wie_

unternehmen_bei_diesem_verdacht_reagieren_sollten,   08.08.2012,   [Letzter   Zugriff:
09.08.2012]

Xeit GmbH (Hrsg.): http://glossar.xeit.ch/shitstorm, 2011, [letzter Abruf: 18.06.2012 / 18:24
Uhr]

YouTube: Über YouTube – Zeitachse, http://www.youtube.com/t/press_timeline, 08.2012,
[Letzter Zugriff: 10.08.2012]

Mehr zu diesem Thema finden Sie in „Der Shitstorm: Die neue Macht der Konsumenten durch Social Media" von Andreas Naber. ISBN: 978-3-656-37498-5

http://www.grin.com/de/e-book/208204/